I0070347

# DES IMPOTS

## EN FRANCE.

---

## IMPOT GÉNÉRAL SUR LES REVENUS

PAR

### ANTOINE CATTIAUX,

Médecin à Hendicourt ( Somme ).

---

## PRIX : 25 CENTIMES.

---

EN VENTE,

*CHEZ LES PRINCIPAUX LIBRAIRES.*

—

AMIENS. — 1872.

L 57 b
3391 b

# DES IMPOTS

## EN FRANCE

Lb 57
3397

# DES IMPOTS

## EN FRANCE.

~~~~

# IMPOT GÉNÉRAL SUR LES REVENUS

PAR

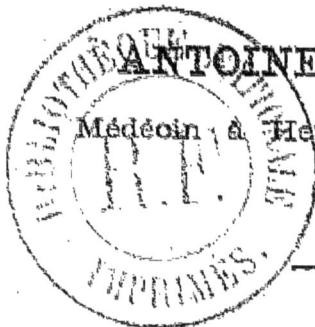

## ANTOINE CATTIAUX,

Médecin à Heudicourt ( Somme ).

DÉPÔT LEGAL
Somme
N° 280
1872

BIBLIOTHÈQUE NATIONALE
R. F.
IMPRIMÉS.

PRIX: 25 CENTIMES.

EN VENTE,

CHEZ LES PRINCIPAUX LIBRAIRES.

AMIENS. — 1872.

# DES IMPÔTS EN FRANCE.

BIBLIOTHÈQUE NATIONALE IMPRIMÉS

IMPÔT GÉNÉRAL SUR LES REVENUS.

## *Introduction.*

La question des impôts est à la fois politique, financière et sociale.

Nous n'avons pas la prétention de traiter à fond un pareil sujet.

Après avoir accordé quelques lignes à la politique, à l'impôt en général, fait une revue sommaire des principaux impôts avant d'arriver à l'impôt sur les revenus, nous terminerons par la question sociale.

Les petits livres arrivent dans un grand nombre de mains.

Ils donnent le goût de la lecture et provoquent la création de bibliothèques populaires où des ouvrages plus complets peuvent être mis à la portée de tous.

L'influence des petits livres est incontestable.

Messieurs Dupanloup, de Ségur et Mame, de Tours, en ont depuis longtemps démontré la puissance.

C'est par les petites brochures répandues à profusion que le comité de la rue de Poitiers a tant aidé au renversement, si funeste à la France, de la République de 1848.

C'est aussi par elles que les démocrates soutiennent la République actuelle, en propageant ses doctrines fécondes jusqu'au fond des plus pauvres chaumières.

La France joue en ce moment son va-tout.

Si elle retombe sous la puissance cléricale, si elle redevient l'humble servante des cuistres et des jésuites, si elle veut rester la fille aînée d'une église et s'asseoir sur ses genoux, si elle continue de mettre son épée au service du catholicisme, la France périra.

Elle trouvera sa perte en combattant les nations qui lutteront au nom du protestantisme, de l'instruction, du libre examen.

Il est temps de dégager par une sage transaction synthétique la résultante de ces deux forces opposées qui se tiennent en équilibre et arrêtent la marche de l'humanité.

La vérité n'est pas en elle, mais au-delà.

Que la France, fidèle à elle-même, à ses traditions vraies, prenant la science pour guide, se lève au nom de l'avenir, de la liberté, de la souveraineté des peuples, elle remportera la victoire, aux applaudissements de tous les hommes justes du monde entier.

D'un côté les Gaulois et leurs alliés par le sang et les idées, les soldats du droit.

De l'autre tout Kaiser (César) tenant en main son sceptre qui est un bâton et son niveau qui est un joug, emblèmes honteux de la servitude.

A sa suite viendront les brutes sauvages qui adorent la force et font la guerre à la romaine sous la raison sociale : Pillards, bandits, voleurs et compagnie.

Fiers jusqu'à l'arrogance et reluisants du vernis de leur science plagiaire, ils méconnaissent les lois de la nature qui nous montre partout les forces soumises aux lois, ils divinisent la force et veulent primer le droit.

Nous connaissons, nous voyons le but qu'il faut atteindre : rendons-nous en dignes, préparons les voies et proportionnons les moyens à la grandeur de l'entreprise.

Que la nation française, pure de toute iniquité, après avoir pardonné à ses enfants, répartisse le fardeau selon les forces de leurs épaules et paie sa rançon.

Alors seulement, elle aura le droit de s'offrir en exemple et comme dernier holocauste.

Grande expiatrice des fautes du genre humain envers lui-même, elle dira : « Plus de luttes intestines, plus de sacrifices au Dieu vengeur, plus d'hécatombes au Dieu des armées, au terrible Jéhovah!

Les temps sont proches, salut à l'ère nouvelle, à l'union universelle annoncée par le Christ, Messager d'amour et de paix, qui est venu dire aux hommes : « Aimez-vous les uns, les autres, vous êtes tous frères, vous êtes les enfants d'un même père qui est Dieu, soyez tous comme un, *omnes in unum.* »

## I.

### Question Politique.

Quand l'idée a pris naissance et trouvé sa formule, elle peut se traduire en faits, d'après les lois naturelles de l'organisation.

Sortant de l'indéfini pour aller à la perfection finie, de par la loi du progrès, tout passe par des transformations successives.

Ne soyons donc pas si prompts à blâmer le passé, lorsque nous-mêmes, trop souvent ignorants, malfaisants et insoucieux de l'avenir, nous ne savons pas diriger convenablement le présent.

Nous savons en particulier que pour avoir une besogne bien faite, chacun de nous doit mettre la main à l'œuvre, être le premier arrivé, le dernier parti, et qu'il est nécessaire de surveiller activement tous les employés.

Mais quand il s'agit de l'administration de la simple bourgade, comme du plus vaste empire, nous oublions toujours qu'un mauvais instrument donne un travail imparfait.

Si cependant on nous proposait, à nous simples paysans, de laisser M. le curé, qui dirige si bien les affaires du ciel et qui est parfois l'homme le plus capable de sa paroisse, régler seul les destinées de notre commune, établir les impôts, répartis selon son bon plaisir et dépensés de même, nous refuserions carrément.

Lorsque nous voulons fonder un établissement industriel quelconque, par voie d'association, nous avons bien soin de faire un contrat, de nommer un gérant révocable, flanqué d'un conseil de surveillance permanent, de nous réunir au besoin, et nous ne manquons jamais de le faire, à la fin de chaque exercice, pour examiner les comptes et palper les bénéfices.

Mais nous ne voulons pas voir que nous avons ainsi fondé une république modèle.

L'intérêt général, qui est le régulateur des intérêts particuliers, nous touche peu.

Pour gérer les affaires de l'Etat nous acceptons le premier venu, pourvu qu'il se nomme empereur ou roi.

Appelés à le choisir, nous oublions de stipuler sa révocabilité, et contre tout droit nous engageons l'avenir en le nommant à perpétuité, lui et les siens.

Républicains sans le savoir, dans la pratique, nous restons, en théorie, monarchistes par habitude.

On dirait que chacun se désintéresse et cesse de comprendre, lorsqu'il ne voit pas son intérêt immédiat.

On se moque du mandat impératif ou contractuel, on donne ses votes pour une chope, pour une goutte, pour une belle parole d'occasion.

Les malheureux qui se conduisent avec si peu de sagesse sont plus à plaindre qu'à blâmer.

Elevés dans l'ignorance, menés par la vanité, les habitants des campagnes, en grande partie, se jalousent constamment.

Ils ne connaissent d'autre critérium que la richesse.

C'est ainsi qu'on les voit toujours chosir pour chefs, ou pour représentants, les plus riches, au lieu des plus dignes.

Mais tout s'expie, on est puni par où l'on a péché.

On fait des dépenses inutiles, folles quelquefois, souvent préjudiciables au plus grand nombre, très-profitables à quelques-uns, et les impôts augmentent sans rendre les services attendus; car plus de la moitié est employée à payer l'intérêt des dettes contractées, au détriment des travaux nécessaires.

C'est le fait du gouvenement monarchique qui ramène tout à un homme, à ses familiers, à ses courtisans, choisis selon sa fantaisie.

La République démocratique seule conduit les affaires dans l'intérêt général, parce qu'elle est le gouvernement de tout le monde.

Elle a pour devise, bien faire et à bon marché.

Il faut donc conserver la république, quand

même elle ne réaliserait pas immédiatement cet idéal, car la forme emporte le fond.

Nous arriverons à la véritable démocratie, en nous en montrant dignes par l'instruction et la moralisation.

Nous savons ce que coûtent les rois et les empereurs ; nous ne sommes plus assez riches, pour payer leur fausse gloire.

Le privilége règne partout en France, mais le suffrage universel doit le faire disparaître.

Il ira droit au but par la simplification et la justice.

La distribution des impôts, selon la fortune de chacun, amènera une meilleure répartition, établie sur les bénéfices, avec sagesse et prudence.

Voulons-nous à jamais éloigner les révolutions, établissons les impôts avec justice, ayons bien soin de les répartir de même, soyons économes, car l'ordre véritable s'obtient par l'application constante des lois justes et morales.

Jamais la France ne s'est trouvée dans une pareille situation : après la guerre étrangère, la guerre civile.

Pour payer ses dettes et réparer ses désastres, la France a besoin d'une augmentation d'impôts de 650 millions par an.

Lorsqu'on parle d'égalité et de justice devant l'impôt on soulève toujours les clameurs de ceux qui profitent des exemptions, comme s'il n'y avait pas obligation naturelle, pour tous les citoyens d'un Etat, de contribuer en proportion de leurs revenus, sans que personne puisse s'en dispenser.

La France doit ses malheurs à l'ignorance de son histoire et à l'abandon de la Révolution qui veut dire exercice permanent de la souveraineté des peuples.

C'est par ignorance que certains hommes, redoutant la République qui les fait libres et souverains, demanderaient volontiers le retour de la monarchie qui les rendait esclaves.

L'Empire, avec ses guerres ruineuses, ses emprunts, nous a fait dépenser tous les ans, huit cents millions de plus que les gouvernements précédents.

Il a doublé le capital de la dette publique dans les quinze premières années; les besoins les plus légitimes du pays, l'instruction, la viabilité, ont été laissés en souffrance et il nous a, pour finir, légué la gène générale.

D'après le dernier recensement, il y avait en France neuf millions 327 mille familles et le budget s'élevait à deux milliards 127 millions, la part de chaque famille était de 240 francs.

Chaque famille n'ayant en moyenne qu'un revenu net de 1,000 francs, c'était environ le quart réclamé par l'impôt.

Lourde était la charge, on la supportait avec fatigue et la dernière folie de l'empire l'a encore augmentée d'un quart.

Ce nouveau fardeau a-t-il été convenablement réparti?

Hélas ! qui oserait le dire, en le voyant peser sur les objets de consommation journalière.

L'Assemblée nationale a rejeté l'impôt sur les revenus, mais cette condamnation n'est pas sans appel.

La nation souveraine a le droit d'en décider autrement, quand elle le jugera bon.

Tout citoyen doit obéir aux lois qui ne sont pas abrogés, se soumettre à leur application, mais il a le droit de travailler à les corriger, à les améliorer.

Respectons les décisions de la majorité, examinons, étudions avec soin, exposons le résultat de nos recherches et efforçons-nous, par une propagande active, de transformer la minorité en majorité.

Les lois seront comme toujours respectables et respectées, avec la seule différence que, partant d'un principe opposé, les conséquences seront autres.

Il ne faut ni bruit, ni tapage, ni émeute, ni révolution, toutes les révolutions sont finies, elles seraient impies.

Le suffrage universel est seul souverain, on ne se révolte pas contre soi-même.

Maintenant à l'œuvre, que la bonne politique fasse les bonnes finances.

## II.

### Question financière.

#### DE L'IMPÔT.

On donne le nom d'impôt à toutes les taxes qui se perçoivent au profit du trésor public.

L'impôt est considéré comme la rémunération d'un service rendu.

Si on écoute celui qui paie, tout impôt est mauvais.

Le jour où les impôts seront purs de toute iniquité, ils seront inattaquables et si on les attaque, ils seront invulnérables.

Pour que l'impôt soit facilement supporté, il ne doit souffrir aucune exception.

Les impôts sous beaucoup de rapports, sont mal perçus et mal dépensés.

Le mode de perception des impôts nécessite de trop grands frais.

Avec les facilités de circulation et de correspondance, et grâce aux perfectionnements introduits dans le maniement des fonds, les frais de régie et de perception devraient être réduits de moitié.

L'impôt doit être le moins élevé possible, car l'argent qui demeure dans les mains des contribuables est mieux employé par eux que par l'État.

Tout ce qui est demandé au delà du strict nécessaire appauvrit la nation, en diminuant la réserve.

Les esprits justes doivent demander, non-seule-
ment combien on dépense d'argent, mais encore
et surtout, comme on le dépense.

C'est ainsi que l'on peut apprécier avec certitu-
de la gestion et la situation financière d'un état.

Les revenus de l'impôt devraient être employés
à créer de nouveaux éléments de production ; mais
la France gaspille souvent ses immenses ressources.

Le système financier de la France, arbitraire et
confus, est tout-à-fait empirique, car l'observation
scientifique n'y prend aucune part.

Tout étant bien examiné les hommes compétents
sont forcés de reconnaître que les impôts ne sont
pas en harmonie avec notre régime économique.

Il n'est donc pas chimérique de réclamer les modifications reconnues praticables, productives.

La réforme est opportune, ne la déclarons pas
impossible, le contraire est évident.

Mais avant d'établir de nouveaux impôts il faut
étudier le rapport qui existe entre les charges du
pays et ses facultés contributives.

Le meilleur moyen de doter le budget consiste à
ne pas frapper les éléments du travail, mais à opé-
rer un prélèvement sur les ressources dont chacun
peut disposer, après avoir pourvu au strict nécessaire.

*Revue sommaire des principaux impôts.*

CONTRIBUTIONS DIRECTES.

Dans le système actuel, les contributions sont divisées en deux classes, appelées directes et indirectes.

Les contributions directes générales sont au nombre de quatre : portes et fenêtres, personnelle-mobilière, patentes, foncière.

La raison invoquée pour légitimer l'impôt sur les portes et fenêtres, c'est que les ouvertures sur les propriétés bâties sont le signe le plus patent du luxe et de l'aisance.

Ne voulant plus, comme avant la révolution, frapper l'individu à tant par tête, on a établi la contribution mobilière sur l'habitation, qui, d'après le système, démontre toujours l'aisance du propriétaire.

On a dit qu'il fallait atteindre la profession, et l'on est arrivé à l'impôt des patentes qui est la consécration de l'inégalité entre les citoyens d'un même pays.

Il est vrai qu'on imagine de combiner l'impôt avec le loyer et l'importance des locaux, pour faire les classifications, mais ceux qui n'ont pas de professions patentées ne paient rien.

La contribution foncière est proportionnelle au revenu net imposable.

Les contributions directes communales sont au

nombre de deux : la taxe sur les chiens et les prestations.

Les contributions directes sont distinguées en impôts de quotité et en impôts de répartition.

L'assemblée nationale, en votant l'impôt, fixe la somme à payer par chaque département, le Conseil général celle des arrondissements.

Le Conseil d'arrondissement, celle des communes et les répartiteurs dans chaque commune, celle des individus.

L'Assemblée nationale, le Conseil général et le Conseil d'arrondissement sont le produit de l'élection, mais les répartiteurs sont choisis arbitrairement.

Les contributions foncières, celle des portes et fenêtres, la côte personnelle et mobilière, sont des impôts répartis.

Les impôts de quotité s'appliquant à des éléments variables, au moyen des tarifs déterminés, on ne peut connaître à l'avance leurs produits.

Les contributions sur les patentes, les prestations et les chiens, sont des impôts de quotité.

Les impôts directs sont augmentés au moyen de centimes additionnels ordinaires dont la destination est fixée par l'État, et extraordinaires quand ils doivent payer des dépenses temporaires faites par les départements ou les communes.

Des centimes extraordinaires généraux, établis par l'État, forment une caisse de secours mutuels entre les Départements.

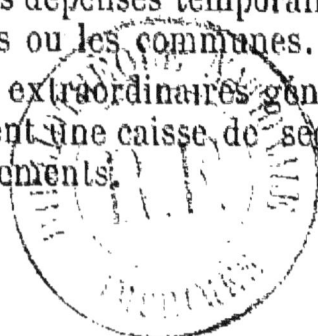

Les centimes départementanx s'appliquent aux dépenses extraordinaires et générales de tout le département et sont votés par le Conseil général.

Les centimes communaux extraordinaires sont votés par les Conseils municipaux et affectés aux dépenses de chaque commune.

Chaque année l'Administration des contributions directes, pour faire ressortir le mouvement de la matière imposable, fait un état où doivent être relevées toutes les modifications du contingent foncier des communes.

Quand il n'y a ni augmentation, ni diminution de constructions, les ouvertures omises, nouvelles, supprimées ou imposées indûment, ne provoquent pas de modifications.

La propriété bâtie est imposée, pour le sol, sur le pied de la première classe ; pour l'élévation, d'après la valeur locative qu'on lui suppose.

Le revenu net imposable de la propriété bâtie se base sur la valeur locative réelle.

On déduit le quart pour les maisons d'habitation ou de commerce.

La déduction s'élève au tiers pour les bâtiments industriels.

C'est comme frais de dépérissement, de réparation ou d'entretien, que ces déductions sont faites.

Il est bon de noter que la révision des propriétés bâties peut être faite et renouvelée tous les dix ans, sur la demande du Conseil municipal.

Les bâtiments ruraux ne sont pas imposés pour

l'élévation, mais seulement pour le sol, comme terre de première classe.

La loi exempte de la contribution foncière les jardins et vergers attenant aux presbytères.

Dans toute exploitation rurale, une seule porte cochère est taxée comme telle, les autres portes cochères, quelqu'en soit le nombre, sont taxées comme portes ordinaires.

Les ouvertures des bâtiments ruraux qui servent à aérer les granges, bergeries, étables, greniers, caves et autres locaux, non destinés à l'habitation de l'homme, ne sont pas imposées.

## *Impôt foncier.*

Au commencement de ce siècle la fortune publique presque toute entière était représentée par des immeubles.

L'industrie et le commerce étant devenus plus prospères, les valeurs mobilières **représentent** aujourd'hui un chiffre élevé.

La propriété foncière et immobilière n'a pas suivi cette progression si rapide, elle a cependant acquis une plus value considérable.

Les impôts étaient anciennement placés sur la propriété foncière et sur la consommation.

Ces objets ont augmenté de prix et c'est encore sur eux et sur la propriété immobilière que des impôts très-lourds continuent de peser.

Les impôts se paient sans avoir égards aux revenus, que la terre augmente ou diminue de valeur, qu'on récolte ou non, il faut payer.

L'impôt foncier repose sur le cadastre incomplet et mal fait qui ne permet pas la péréquation, de telle sorte que la proportion de l'impôt au revenu varie entre les départements, depuis le cinquième en principal et le onzième.

La base de la contribution foncière pour les propriétés non bâties ne subit aucune variation et reste immobile jusqu'à la venue d'un nouveau cadastre.

Une telle situation, connue et avouée par les autorités compétentes, provoque des réclamations incessantes.

L'impôt foncier est prélevé directement sur la propriété sans avoir égard aux charges qui pèsent sur elle.

Une terre avec une maison paie, je suppose, 1,000 fr. d'impôts, divisez-la entre cent petits propriétaires ayant chacun leur petite maison d'exploitation, les impôts seront triples.

Les impositions ordinaires et extraordinaires sont à la charge du locataire: la loi ne devrait-elle pas fixer une limite maximum ?

Agir autrement c'est méconnaître le principe même de la contribution.

### Impôt personnel et mobilier.

Les conditions des individus étant très-inégales,

les impôts à tant par tête sont injustes, puisque le pauvre paie autant que le riche.

On a cependant conservé l'impôt personnel.

Les contributions personnelles et mobilières sont établies par voie de répartition entre les départements, les arrondissements, les communes et les contribuables.

L'impôt mobilier est arbitraire parce qu'il a pour base la valeur locative présumée d'après l'apparence et non la réalité.

Il est injuste, car un homme riche peut être fort mal logé.

De l'aveu de tous la base du loyer est inégale et défectueuse.

La contribution personnelle est fixée à trois journées de travail.

Le prix moyen de la journée est déterminé dans chaque commune, par le Conseil général, sur la proposition du Préfet.

Ce prix ne peut être inférieur à 50 c., ni supérieur à 1 fr. 50 c.

Une foule d'exemptions plus ou moins justes ont été admises.

### Portes et fenêtres.

L'impôt des portes et fenêtres est une invention barbare, nuisible à la santé, puisqu'il est prélevé sur la pureté de l'air et sur la lumière.

L'an VIII le vit naître, dans des circonstances extraordinaires, il devait être temporaire, il dure encore.

Il repose sur le nombre, compté par étage, de sorte que palais et mâsure paient tout autant.

Il ne devrait souffrir aucune exemption car c'est un impôt de répartition: décharger l'un c'est charger l'autre.

### Patentes.

L'impôt des patentes repose sur l'exercice d'une profession et non sur les bénéfices, sur le revenu de cette profession.

C'est encore un impôt d'occasion établi sous une autre forme, pour trouver des ressources nouvelles.

CONTRIBUTIONS INDIRECTES.

### Impôts de consommation.

On prétend que la rentrée de l'impôt direct est trop difficile et on établit les droits d'octroi et de consommation.

Le propre de pareils impôts est d'être très-divers et de frapper nécessairement sur le plus grand nombre, afin qu'ils soient productifs.

Les impôts indirects, au lieu d'être proportionnels à la fortune de chacun, sont progressifs en raison inverse des facultés contributives.

S'ils sont faciles à prélever, ils sont coûteux.

Sans eux, la vie serait à bon marché, la production serait stimulée et la richesse augmenterait avec le bien-être général.

Quand les salariés ne gagnent que le nécessaire pour vivre, est-il juste de leur demander d'aussi fortes contributions, par les impôts indirects, les octrois et les droits de détail ?

## Octroi.

L'octroi, cause principale de la misère des populations urbaines, de leur dégénérescence, est le plus actif agent de la démoralisation publique en excitant la fraude et la falsification.

## Boissons.

L'impôt sur les boissons est vexatoire.

Le vin le plus grossier paie autant que le vin le plus exquis.

L'impôt sur les boissons est nuisible à la santé, car il pousse à la falsification et à la production de boissons de qualité inférieure.

Les riches, ne consommant pas beaucoup plus que les pauvres, ne paient pas en proportion de leur fortune.

Les impôts de consommation sont tous dans ce cas.

Ils sont plus inégalement répartis et ne se proportionnent jamais aux facultés des contribuables.

La fraude entre pour un tiers dans la consommation de Paris, et la diminution de la production totale est évaluée au dixième.

Cet impôt est donc nuisible à la production et à la consommation.

Mais le plus injuste est le droit de détail atteignant uniquement le pauvre qui n'a pas le moyen de faire ses provisions en gros.

## *Sel.*

La consommation du sel est de six à sept kilogrammes par tête en France.

L'indigent en consomme plus que le riche.

Les campagnes plus que les villes.

C'est un impôt progressif relativement à la misère.

Les grands propriétaires terriens ont cependant intérêt à diminuer cet impôt, car leurs moutons mourraient moins souvent de la pourriture si on leur donnait du sel.

Le gouvernement ne perdrait rien à diminuer l'impôt, car la consommation augmenterait au quintuple.

Nous terminerons la revue de tous ces impôts en disant qu'il faudrait renoncer aux taxes qui grèvent le prix marchand de consommation, afin de donner la plus vive impulsion à la production, aux échanges et aux importations destinées à reconstituer l'épargne nationale.

## IMPÔT SUR LES REVENUS.

Il faut arriver à la transformation de notre système d'impôts par une large application de l'impôt sur les revenus.

L'impôt sur les revenus est le seul qui ne tarisse pas la richesse publique à sa source, parce qu'il l'atteint dans ses résultats acquis et non dans ses principes.

Si l'on veut que la taxe sur les revenus ne trouble pas la situation économique du pays, il est nécessaire que l'impôt pèse sur toutes les portions de la richesse, y compris la rente.

Le résultat de l'impôt sur les revenus appliqué à la propropriété foncière aura l'avantage de l'atteindre dans ses bénéfices.

Les patrons ont intérêt à rendre leurs bénéfices publics, les ouvriers qu'ils emploient ne pourront plus leur supposer des gains exagérés.

Ce sera le moyen de faire connaître la vérité.

L'impôt sur les revenus a été comparé aux anciennes tailles, qui portaient sur tous les revenus indistinctement et même sur l'apparence du revenu.

La taille était dure et tout le monde n'était pas taillable; nous n'avons garde d'oublier ce que nous devons à la Révolution en fait d'améliorations ; car après avoir été taillés, il fallait encore payer la dîme qui se prélevait en nature et une foule d'autrets impôts qu'il serait trop long d'énumérer.

Vauban nous apprend que ce n'était pas toujours la fortune qui réglait les impôts, mais l'envie, la faveur et l'animosité.

Les tailles ont été supprimées en 1789, parce que les charges étaient inégalement réparties.

C'est au nom de la science et de la raison que les conservateurs refusent de modifier l'assiette de l'impôt dans le sens d'une taxe sur les revenus et les salaires.

La question financière doit être primée par la question d'équité.

L'impôt sur les revenus doit être préféré parce qu'il est plus proportionnel et se répartit mieux suivant les ressources des contribuables.

L'impôt général sur les revenus doit être établi par déclaration, l'Assemblée nationale fixant la quotité et la classification.

Il est temps qu'elle aborde cette question avec décision et qu'elle la résolve avec grandeur.

Il faut donner satisfaction dans une large mesure aux besoins nouveaux.

Trop longtemps on a répondu par un refus dédaigneux à une demande juste et modérée.

Si la société était équitable et sage, elle s'empresserait de soulager les pauvres misérables, elle ne chargerait pas autant les faibles, et le repos des heureux, des privilégiés ne serait jamais troublé par les révolutions.

La bourgeoisie doit faire les sacrifices nécessaires pour arriver à une entente avec le peuple qui se dresse et affirme son existence.

Là est le salut ; qu'elle ait le courage de marcher, pour le guider dans les voies droites.

Il ne s'agit pas d'appauvrir les riches, mais d'enrichir les pauvres.

Que votre fortune provienne de la terre, de l'industrie, du commerce, des valeurs mobilières, de la rente, qu'importe; puisque l'Etat vous en assure la jouissance paisible, vous devez concourir aux frais de cette assurance, selon l'avantage que vous en retirez, c'est-à-dire en proportion de vos revenus.

Personne n'oserait dire que l'impôt sur les revenus n'est pas légitime.

On oppose à son admission des difficultés de perception.

On craint l'introduction des agents du fisc qui viendraient faire des visites domiciliaires.

On dit : c'est un impôt socialiste,

Il décourage l'esprit d'entreprise,

Il épargne le capital oisif,

Il ralentit la circulation,

Il est arbitraire dans l'évaluation,

Il permet la fraude dans la déclaration,

La bonne foi y perd,

La mauvaise foi y gagne,

Il fait double emploi.

De la tyrannie dans l'arbitraire, voilà ce que serait l'impôt sur les revenus.

Enfin il ne faut pas ajouter à nos divisions un nouvel élément de perturbation.

Avant de passer en revue toutes ces objections, disons que l'impôt n'a pas d'opinion et que le sentiment n'a rien à voir en pareille matière.

Si cet impôt est antipathique aux propriétaires, c'est qu'ils ne veulent pas faire connaître leurs revenus, dans la crainte qu'ils ne soient taxés comme ils le méritent.

La constatation des revenus n'est pas difficile, l'impôt foncier ne s'établit pas autrement.

C'est un impôt de quotité qui augmentera avec l'accroissement des revenus.

La quotité de l'impôt sera déterminée par la loi des finances ; où sera l'arbitraire ?

Il y aura fixité, car la variation des revenus est bien faible, et elle se traduit par une augmentation progressive.

Le capital qui a produit le bénéfice sera augmenté l'année suivante de la portion du revenu non réclamée par l'impôt.

L'esprit d'entreprise ne sera pas diminué.

Chacun ayant intérêt à augmenter son avoir, le chiffre du capital oisif ne sera jamais élevé.

A qui fera-t-on croire que des individus s'abstiendront de faire valoir leurs capitaux de peur d'en sacrifier une faible partie au paiement de l'impôt ?

La bonne foi ne perdra rien en faisant une déclaration sincère, car elle ne paiera que ce qu'elle doit.

La mauvaise foi ne gagnera rien, car si elle fraude, elle paiera l'amende.

On dit que la répartition est plus équitable en France qu'en Europe, que cette bonne fortune relative est l'œuvre laborieuse de notre révolution de 1789, à qui nous devons, entre autres avantages, notre système d'impôts.

Est-ce une raison de nous interdire les améliorations reconnues praticables par une attention sérieuse et éclairée ?

Sans modifier profondément notre système, expérimentons l'impôt sur les revenus, en le superposant, comme font les nations étrangères, sans craindre le double emploi.

Les impôts qui ont été établis sur de nouvelles bases, par la Constituante d'abord et par Bonaparte ensuite, doivent être changés aujourd'hui, car la fortune publique s'étant déplacée, la base d'imposition n'est pas la même.

Le nouvel ordre de choses oblige tout gouvernement honnête à des réformes financières, si on ne veut pas se moquer des intérêts des contribuables et des intérêts du pays.

L'impôt devant être dépensé chaque année doit porter sur le revenu annuel.

L'impôt sur le revenu, quelle ne soit sa provenance, atteignant tout le monde est le plus rationnel.

Imposer le capital c'est diminuer la valeur du fonds social c'est détruire l'instrument du travail.

Nous respectons le capital parce qu'il est le fruit du travail accumulé, mais nous demandons aux revenus qu'il produit ce qui est nécessaire pour diminuer les impôts de consommation.

En agissant ainsi nous conserverons l'intelligence et les forces physiques des travailleurs, à qui nous devons laisser les moyens de les mettre en œuvre.

La rente sur l'état n'est pas imposée.

Les grandes compagnies financières autres que les chemins de fer et les mines ne paient rien à l'Etat.

Si on voulait rendre facile l'impôt sur les valeurs mobilières il suffirait de les rendre toute nominatives.

Mais les agioteurs ne consentent pas à rendre les actions nominatives, ce qui empêcherait les grands coups de bourse, parce que leur transfert serait trop long.

Si les différents services, comme on le dit si bien, n'ont rien à redouter des yeux ni du contrôle de tous, pourquoi la répartition des impôts ne se fait-elle pas en présence du Conseil municipal des communes, et pourquoi les séances de ces Conseils ne sont-elles pas publiques?

Il serait alors démontré pour tous qu'il n'y a rien d'arbitraire et l'on verrait réellement si les contributions s'établissent par des règles fixes, sans préférence pour personne, et si tout se passe d'une manière équitable.

La meilleure preuve que l'on puisse donner de la possibilité d'établir en France l'impôt sur les revenus, c'est qu'il fonctionne sans arbitraire chez les nations suivantes: l'Allemagne, la Suisse, l'Italie, la Hollande, l'Angleterre et les Etats-Unis d'Amérique.

Ce n'est donc pas une innovation financière, puisqu'il a subi l'épreuve de l'expérience comme impôt superposé,

C'est le moyen d'en connaître le fonctionnement, afin d'arriver un jour à lui demander la plus grande partie des ressources nécessaires à l'Etat.

L'impôt sur le revenu s'applique en Angleterre à tous les revenus possibles, qu'ils soient ou non déjà soumis à une taxe particulière.

En Autriche la loi soumet à la taxe les revenus de l'industrie, du commerce, du fermage, les traitements, les salaires ou pensions, les intérêts et les rentes,

L'impôt foncier à été, en Autriche, augmenté d'un tiers parce que les grands propriétaires ont préféré ce mode de contribution à la déclaration de leurs revenus, pour éviter le contrôle.

En Prusse on applique l'impôt sur les revenus par classes : Les revenus supérieurs à 3,750 francs et les revenus inférieurs à cette somme.

Les localités qui paient déjà une taxe sur les objets de consommation, tels que la farine et la viande, ne sont pas soumises à cette taxe.

Le salaire des ouvriers n'est pas atteint.

Outre cet impôt général, la ville de Berlin a établi un impôt communal sur le revenu qui frappe indistinctement tous ceux qui possèdent.

L'impôt sur le revenu se cumule en Prusse avec l'impôt foncier, l'impôt sur les maisons et l'impôt sur l'industrie.

En Bavière les bénéfices soumis à l'un des trois

impôts qui précèdent ne paient point la taxe sur le revenu.

L'impôt sur le revenu s'applique à toutes les professions et aux intérêts des capitaux placés.

En Wurtemberg, l'impôt sur le revenu est établi comme en Bavière, mais il s'applique aux revenus de la couronne et aux revenus de la famille royale, ce qui ne se fait pas ailleurs.

Les États-Unis d'Amérique, après la guerre de sécession, établirent l'impôt sur les revenus.

Ils demandèrent 5 p. 0/0 aux revenus des valeurs de l'État.

Cet impôt est dû pour le revenu net de tous les citoyens américains, le salaire des ouvriers et des domestiques excepté.

La déclaration des revenus est faite par les contribuables sous le contrôle mutuel des citoyens et sous la surveillance des agents de l'État.

La fraude n'est pas plus grande que pour tout autre impôt.

Les compagnies paient directement à l'état pour leurs actionnaires.

Partout où l'impôt sur les revenus est adopté, la déclaration du contribuable est, en droit et en fait, la base de la perception, qui n'a rien d'inquisitorial.

C'est ainsi que depuis longtemps en France, on accepte la déclaration qui sert de base à l'enregistrement, pour les successions et les ventes.

Une commission municipale recevrait la déclaration, la vérifierait et la soumettrait au contrôleur.

En cas de doute elle inviterait le contribuable à faire une nouvelle déclaration, avec preuve à l'appui.

Le contribuable et le représentant du trésor pourraient faire appel à la commission départementale de la décision prise par la commission municipale des taxes.

Au moyen des matrices cadastrales, des patentes, des livres, de l'enregistrement, des baux, des registres hypothécaires, des contrats, des registres de la régie, on peut arriver à une évaluation exacte des revenus imposables parfaitement contrôlés.

Les commissions chargées de recevoir et de vérifier les déclarations devront être composées de manière à n'être pas un instrument d'oppression entre les mains d'un parti.

Cet impôt fonctionne sans difficulté à l'étranger.

Pourquoi n'en serait-il pas de même en France ?

Il est proportionnel en Europe et progressif en Amérique, qu'on nous applique l'impôt franchement proportionnel, à nous qui depuis longtemps supportons l'impôt progressif à rebours et nous aurons lieu d'être satisfaits.

Nous pourrons alors ramener à de sages limites les impôts de consommation qui ont été surélevés et consacrer le surplus à l'extinction de la dette publique.

L'impôt sur les revenus, sans distinction, appliqué aux communes, peut remplacer l'octroi ; l'Angleterre, la Hollande, l'Allemagne et la Suisse commencent à marcher dans cette voie.

Ne demandons pas l'application immédiate sans restriction ni réserve de l'impôt sur les revenus, procédons par gradation et marchons le plus vite possible.

L'impôt sur les revenus est pour nous une effrayante nouveauté, il présente des difficultés d'application qu'il suffit d'aborder de front pour les faire disparaître.

Cet impôt est plus juste, plus rationnel que tout ce qui existe, il nous procurera le moyen sûr d'arriver à la répartition équitable des charges publiques, lorsque nous aurons refait le cadastre général.

Nous sommes un peuple chercheur ; quand nous avons trouvé, nous négligeons l'application par fatigue et par légèreté. surtout parce que nous sommes effrayés des conséquences sociales qui en résulteraient et nous laissons aux peuples pratiques le soin d'approprier à leurs besoins les découvertes faites par nous.

Nous faisons les frais des découvertes, les autres en profitent, heureux si, occupés de recherches nouvelles, nous sommes assez sages pour adopter enfin après tout le monde, ce que nous avons trouvé les premiers.

Cette manière fait que nous sommes à la fois le peuple le plus avancé et le plus en retard.

Le temps et l'expérience nous convertiront peut-être.

Il est reconnu et avoué que sur les cent soixante

millards dont se compose approximativement la fortune de la France la moitié échappe à l'impôt et c'est précisément celle-là qui occasionne plus de frais de conservation.

C'est pour cela qu'on a dit de l'impôt qu'il dé- décroissait avec la fortune et qu'il croissait avec la misère.

Soyons justes, avouons ce qui est évident : le revenu annuel de chacun de nous est la mani- festation du produit des valeurs qu'il pos- sède.

Faisons au moyen de l'impôt sur les revenus que les grandes fortunes supportent les plus lour- des charges et érigeons en système qu'il faut grever le riche et dégrever le pauvre.

Inventaire annuel, déclaration annuelle, paie- ment de l'impôt appliqué à la valeur réalisée à l'état de revenu net, tel est le moyen de faire rendre aux revenus tout ce qu'ils peuvent et doivent don- ner à l'Etat.

Il est permis de demander aux revenus cinq pour cent au moins, en établissant sagement l'impôt avec des classifications.

Les classes supérieures, payant davantage, seront intéressées à surveiller le bon emploi des impôts et à les restreindre aux besoins réels.

Pour parer aux inconvénients des classifications progressives, il ne faut soumettre à l'augmentation de l'impôt que les parties du revenu dépassant le chiffre où commence cette élévation.

## Exemple de classification.

| Revenus. | Impôts. |
|---|---|

1° De un franc à dix mille francs . un vingtième
2° De dix mille à vingt mille . . un dixième
3° De vingt mille à trente mille, . un neuvième
4° De trente à quarante, . . . . un huitième
5° De quarante à cinquante . . . un septième
6° De cinquante à soixante, . . un sixième
7° De soixante à soixante dix
et plus, . . . . . . . . . . . un cinquième

Dix mille francs de rente paieront le vingtième ou cinq pour cent, soit cinq cents francs.

Vingt mille francs de rente paieront le vingtième ou cinq cents francs pour les premiers dix mille francs, le dixième ou mille francs pour les autres, ce qui, en moyenne, fera pour les vingt mille francs totalisés, le treizième et une fraction (13,33), en somme quinze cents francs, ainsi de suite pour les autres, comme l'indique le tableau suivant :

| Revenus | Impôt perçu | Taux moyen |
|---|---|---|
| 10,000 fr. | 500 fr. | 20° |
| 20,000 | 1,500 | 13,33 |
| 30,000 | 2,611 | 11,48 |
| 40,000 | 3,861 | 10,33 |
| 50,000 | 5,289 | 9,45 |
| 60,000 | 6,956 | 8,61 |
| 70,000 | 8,956 | 8,36 |
| 80,000 | 10,956 | 7,50 |
| 90,000 | 12,956 | 6,94 |

| Revenus | Impôt perçu | Taux moyen |
|---|---|---|
| 100,000 | 14,956 | 6,55 |
| 110,000 | 16,956 | 6,48 |
| 120,000 | 18,956 | 6,33 |
| 130,000 | 20,956 | 6,20 |
| 140,000 | 22,956 | 6,09 |
| 150,000 | 24,956 | 6,01 |
| 160,000 | 26,951 | 5,93 |
| 170,000 | 28,956 | 5,87 |
| 180,000 | 30,956 | 5,81 |
| 190,000 | 32,956 | 5,76 |
| 200,000 | 34,956 | 5,72 |
| 210,000 | 36,956 | 5,68 |
| 220,000 | 38,956 | 5,64 |
| 230,000 | 40,956 | 5,61 |

Combien produira cet impôt ? il est difficile d'en faire l'évaluation certaine.

Mais comme il est bien entendu, qu'à l'exemple des autres peuples qui l'ont adopté, ce sera d'abord un impôt superposé, il ne dérangera donc pas les services publics.

Lorsque le travail de classification sera fait, après le renouvellement du cadastre, on s'en rendra complètement compte.

L'on décidera de l'emploi présumé du produit qui devra s'appliquer à rétablir les impôts de consommation tels qu'ils étaient avant la guerre, en faisant disparaître les taxes et surtaxes nouvelles qui, placées sur les objets de consommation, pèsent presque toutes sur le plus grand nombre, sur les travailleurs.

Le capital national de la France est d'environ cent soixante milliards de francs.

Son produit brut est de vingt cinq milliards.

Son produit net étant d'environ le quart du produit brut, peut s'élever à six milliards.

Calculé au taux de la première catégorie, il rendrait pour le vingtième trois cent millons.

Au dixiéme, il rendrait six cent millions, c'est-à-dire la somme demandée à l'impôt en 1872 pour payer l'intérêt des dépenses léguées par l'empire tombé en pourriture.

### Budget de 1872.

2.334 millions (budget des dépenses)
  984 millions pour les services publics.
  249 de frais de perception et de régie.
1,101 pour intérêt de la dette publique.
### Budget des recettes prévues.
1,815 millions du produit des anciens impôts.
  400 millions de taxes et surtaxes nouvelles.
  119 millions de déficit qui seront demandés à des impôts nouveaux, au boni de l'emprunt et à la dette flottante.

### Budgets comparés depuis 1832 jusqu'en 1872.

| | |
|---|---|
| De 1847 à 1851, moyenne annuelle | 1,596,000,000 |
| De 1852 à 1856, — | 1,928,755,759 |
| De 1857 à 1861, — | 2,042,752,094 |
| De 1862 à 1866, — | 2,226,961,987 |
| En 1869, le budjet était arrêté à | 2,179,357,065 |

On voit que l'empire, à son début, a dépassé du

premier bond tous ses devanciers en dépensant en moyenne chaque année 335 millions de plus.

Si on compare le gouvernement de Louis Philippe à celui de l'empereur pendant une période de quinze années, on trouve :

de 1832 à 1846

Dépenses totales 19,038,000,000. fr.

de 1852 à 1866

Dépenses totales 31,992,348,701. fr.

La différence à la charge de l'Empire, est de douze milliards, soit par ans huit cent millions de plus.

Telle était la situation financière amenée par les guerres inutiles, où nous allions faire tuer nos meilleurs soldats, détruire notre matériel, dépenser l'argent que nous n'avions pas, car chaque guerre nécessitait un emprunt.

Les moins sages devaient réfléchir en voyant la France conduite dans une pareille voie.

Loin de là, nous voyons la bourgeoisie rétrograde, mener au scrutin des troupeaux d'hommes serviles et donner son approbation avec les OUI du plébiscite.

Alors, spectacle sans pareil dans l'histoire du monde entier, sans vivres, sans munitions, sans argent, sans alliés, fou d'orgueil, l'Empereur fait déclarer la guerre à la Prusse qui s'y préparait depuis longtemps.

Ajoutant le mensonge à l'ineptie, on affirme en pleine assemblée, à l'opposition qui ne voulait pas la guerre et demandait des éclaircissements, on affirme que tout est prêt, qu'il ne manque pas un bouton de guêtre.

Voilà pourquoi le budget de 1872 s'élève à deux milliards trois cent trente-quatre millions que la République est forcée de payer.

## III.

### Question sociale.

Au point de vue social nous admettons trois catégories d'impôts légitimes.

#### Première catégorie.

Les impôts de succession et droits de mutation de la propriété divisés en trois ordres :

1º Sur la propriété foncière, parce que le sol constitue un fonds général appartenant à l'État, en vertu d'un droit primordial, et n'est devenu propriété particulière que par le travail d'appropriation accumulé, conservé et transmis avec la protection sociale ;

2º Sur le capital immobilier autre que la propriété foncière ;

3º Sur les valeurs mobilières.

#### Deuxième catégorie.

Les impôts sur les revenus divisés en deux ordres :

1° L'impôt sur les revenus oisifs, comprenant :

Les revenus de la propriété immobilière;

Les revenus de la propriété mobilière;

2° L'impôt sur les revenus actifs produits par le travail industriel et commercial, les professions et les salaires.

Troisième catégorie.

Les impôts de protection nationale divisés en deux ordres :

1° L'impôt des douanes sur les produits étrangers ;

2° Le monopole intérieur pour les objets de consommation non alimentaire.

La société est d'autant mieux autorisée à demander la réforme des impôts, qu'ils sont plus élevés.

Plus les impôts augmentent, plus les personnes riches s'efforcent de s'en exempter, et chacun fait ce qu'il peut pour les éviter.

On n'a jamais en France assez d'égards pour le menu peuple, et le nombre est grand de ceux qui, par privilége ou par fraude, échappent aux charges publiques; car les chemins de la corruption sont tellement frayés, qu'on y revient toujours.

Les personnes influentes font souvent modérer les impositions des communes et des particuliers, au-dessous de leur juste portée.

C'est un mal auquel il faut tâcher de remédier, malgré les difficultés que l'on rencontre.

La cupidité, l'obstination de quelques-uns, leur mauvais vouloir inique, n'empêcheront pas l'impôt d'être égal pour tous, sans exception, proportionnellement à la richesse totale de chacun.

Il sera établi selon la loi et non selon le bon plaisir, après inventaire général et annuel.

Tout le monde payant la part dans les dépenses publiques, chacun les contrôlera de son mieux, et personne ne conseillera de folles dépenses.

Nous devons respecter les lois, être calmes et disposés aux sacrifices, mais notre volonté doit être assez forte pour suivre la route déterminée, en tenant sagement compte des résistances.

La plus cruelle des tyrannies est celle des préjugés, car l'habitude gouverne le genre humain ; c'est pourquoi nous devons réunir tout ce qui est bon, utile, et ne jamais nous lasser de le présenter au peuple qui finit par l'adopter.

En face de la richesse qui est souvent synonyme d'insolence et d'impunité, le peuple doit être plein de modération et d'équité, vertueux et désintéressé; serviteur courageux de la vérité, il doit réclamer hautement les droits et n'oublier jamais que le droit a pour corollaire le devoir.

A ceux qui demanderaient pourquoi nous mettons ces petits livres dans les mains du peuple, nous répondrons : l'instruction et la morale du pauvre sont la sauvegarde des jouissances du riche qui doit être le premier intéressé à la diffusion des lumières.

Celui qui n'est point partisan de l'instruction donnée au peuple a l'intention de profiter de son ignorance.

La société doit s'ingénier à former des citoyens robustes, ayant l'esprit sain, exempts de préjugés, réellement instruits, afin que des hommes supérieurs se produisent et s'élèvent d'eux-mêmes malgré les obstacles.

Il faut que les habitants des campagnes soient plus instruits, que leurs idées se développent, qu'ils deviennent plus industrieux et plus capables d'améliorer leur position.

Il est temps qu'ils sortent de la servitude morale et physique, et qu'ils puissent se soustraire à l'avidité de ceux qui voudraient les exploiter.

Libres, actifs, intelligents et instruits, ils prospèreront et sauront tirer de meilleurs fruits de leur travail ; car le monde appartient, en dernier ressort, aux plus capables.

Celui qui a vécu au milieu des travailleurs a pu constater leur état de gène perpétuelle, de misère souvent, et il faudrait ne pas avoir le cœur généreux, pour refuser de chercher les moyens de faire, cesser le désordre et la partialité qui règne dans l'assiette de l'impôt.

Tous les hommes de bien, éclairés et honorables, doivent approuver l'impôt sur les revenus.

Les hommes cupides, jouissant des privilèges se plaindront bien haut ; mais valent-ils la peine d'être écoutés ?

Il ne faut pas que la masse continue à souffrir pour les mettre à l'aise.

Le parti républicain possède des hommes de résolution, de dévouement, d'une probité sévère et d'une conscience éprouvée, qui, instruits par l'expérience, doivent travailler à acquérir la science réelle, le ton de la bonne compagnie, afin de pouvoir faire partout des cours d'économie sociale.

Il ne s'agit pas d'attaquer la liberté du commerce et de l'industrie, mais d'arriver, au moyen de l'instruction généralement répandue, à régler équitablement, au moyen de la participation, les rapports du travail et du capital.

Les ouvriers doivent prendre la détermination de travailler, par eux-mêmes, à l'amélioration de leur propre sort.

C'est à l'ignorance qu'ils doivent leur infériorité.

Nous vivons dans le siècle du travail, et l'ouvrier doit, en bonne justice, y occuper la place qu'il mérite.

Il faut avant tout développer son intelligence en lui donnant toute l'instruction dont il est capable, afin d'arriver à la destruction des vices engendrés par l'ignorance et la misère.

On n'est pas en droit d'exiger de l'ouvrier sans instruction, sans éducation, la vertu, l'abnégation, l'énergie que l'on ne trouve pas toujours dans les classes qui se prétendent supérieures.

Les vices et la misère sont curables par l'instruction et la bonne organisation du travail qui mettra le salaire en rapport avec les bénéfices du patron.

L'ouvrier libre dans sa personne, dans son travail, jouissant du suffrage universel, a puisé dans cette situation nouvelle les sentiments d'honneur et de respect de lui-même.

Il est donc nécessaire, si on veut avoir prise sur l'ouvrier actuel, de faire appel à un intérêt présent capable de frapper les yeux, mais de faire en même temps naître le sentiment d'un intérêt plus puissant, capable de lui faire envisager l'avenir.

Il faut demander et obtenir, sans contrainte physique ou morale, le consentement raisonné, l'obéissance par le sentiment d'un intérêt permanent et évident.

Ce qui manque à l'ouvrier, c'est la prévoyance claire des souffrances que la vieillesse et la maladie peuvent lui infliger, s'il ne sait parer à ces éventualités.

Il faut l'habituer à compter sur lui-même, en lui donnant le sentiment de sa responsabilité.

Le crédit est la ruine des ouvriers, il faudrait faire naître chez eux l'habitude de prévoir, de régler leurs dépenses, le goût de l'épargne ; mais comment développer toutes ces facultés si les salaires sont insuffisants.

L'industrie doit écouter les plaintes des hommes généreux, elle doit s'émouvoir à la vue de la situation faite aux ouvriers qui sont les instruments de la richesse publique.

Il n'est plus temps de s'endormir dans le silence universel.

Il ne faut pas attendre pour agir que les récriminations justes deviennent passionnées et violentes.

Il faut entrer résolument dans la voie des améliorations.

Les fabricants font assez bien leurs affaires pour qu'ils s'occupent de leurs ouvriers.

Ils ont des raisons très-fortes et des motifs d'intérêt personnel très-puissants et très-présents pour les décider à s'occuper de leur avenir.

C'est à l'intérêt que nous faisons appel, sachant bien que pour agir sur les hommes, il ne faut pas se faire d'illusions, et ne pas bâtir les réformes sur des suppositions de vertu idéale.

L'ignorance et les préjugés ont pour caractère spécial l'entêtement ; il faut pour réformer les habitudes, corriger les vices, soulager la misère, une patience et une obstination infatigables.

On n'arrive à convaincre les ignorants qu'en mettant sous leurs yeux, dans leurs mains, des résultats visibles et tangibles, ils changent alors de méthode, s'ils y trouvent leur intérêt.

Dans les fabriques on ne ménage pas assez le capital humain.

L'ouvrier fatigué cherche dans les liqueurs spiritueuses un stimulant funeste, et ses forces mal réparées s'usent rapidement.

Il en sera ainsi tant que l'industrie aimera mieux sacrifier l'avenir au présent, et faire disparaître les questions d'humanité devant les calculs d'argent.

Il faut dire ouvertement que dans les sociétés humaines, le vice et l'erreur sont nuisibles à tous, les efforts vertueux profitent aux riches comme aux pauvres, et le perfectionnement à la société toute entière.

Il faut intéresser l'ouvrier à la prospérité de la maison où il travaille par la participation aux bénéfices, ou tout au moins, au moyen de primes ; paie régulière, primes annuelles qui deviendraient le point de départ de la création d'un capital propre à l'ouvrier, d'un capital rédempteur.

Que les patrons soient assez sages pour venir en aide aux ouvriers.

La répartition des bénéfices étant faite équitablement entre le capital et le travail, tous les ouvriers auront une situation aisée.

On sait que les impôts les plus productifs reposent sur le plus grand nombre.

Les impôts bien établis et justement répartis rentreront donc avec une grande facilité et seront d'un grand rapport.

A bientôt, l'impôt général sur tous les revenus.

Antoine GATTIAUX.

FIN.

Amiens.—Imp. Alfred Caron fils.

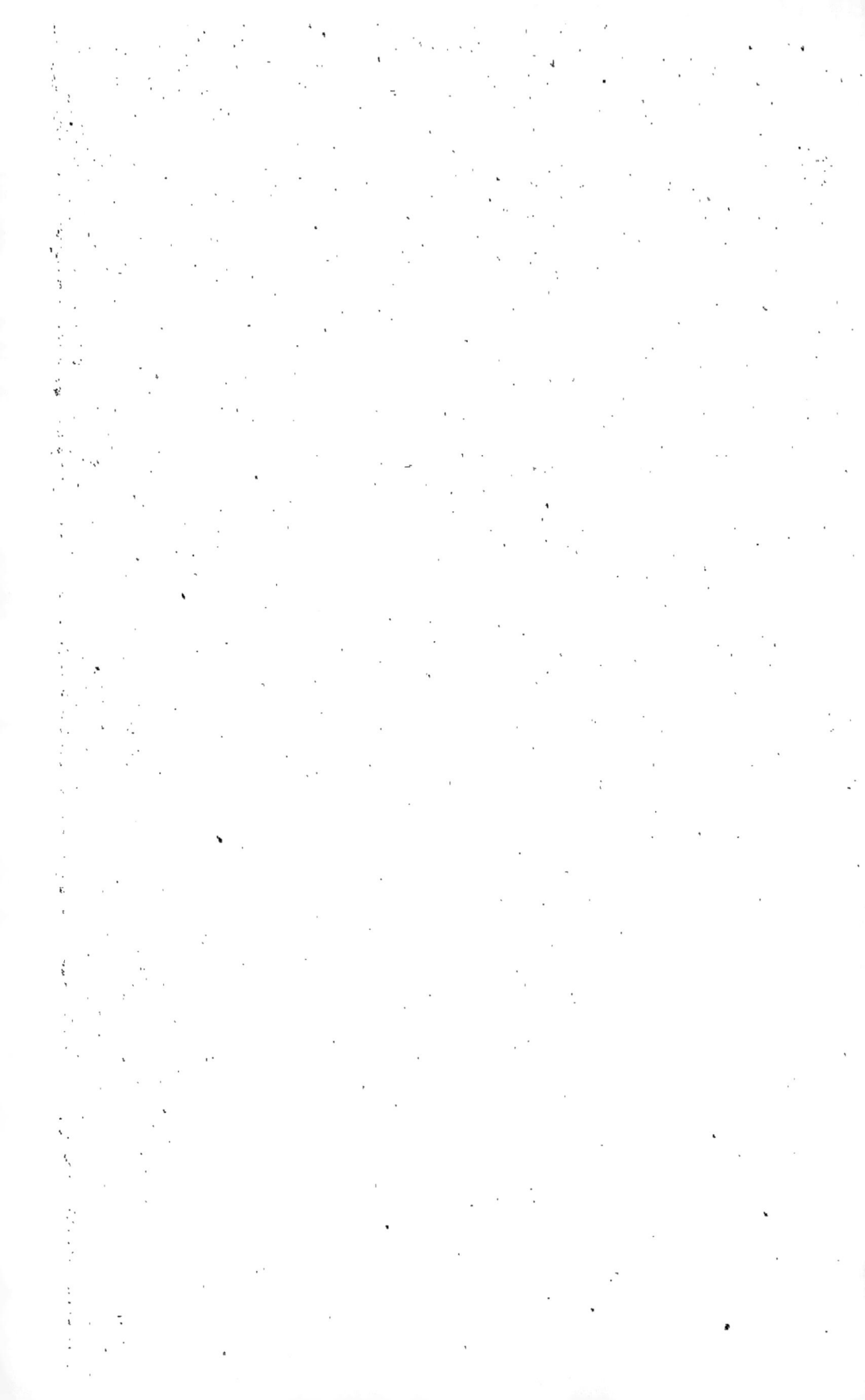

# LE PROGRÈS DE LA SOMME

## JOURNAL POLITIQUE QUOTIDIEN

## Paraissant SEPT FOIS par semaine

BUREAUX :

## Rue de Metz, 22, à Amiens.

ABONNEMENTS :

Amiens, la Somme et les départements limitrophes,

Trois mois. . . . . . . . . **10** fr.
Six mois . . . . . . . . **20**
Un an . . . . . . . . . **40**

Les autres départements :

Trois mois : 12 fr. — Six mois : 23 fr
Un an : 46 fr.

Etranger : le port en sus.

Les abonnements, payables d'avance, partent du
1ᵉʳ ou du 16 de chaque mois.

www.ingramcontent.com/pod-product-compliance
Lightning Source LLC
Chambersburg PA
CBHW032311210326
41520CB00047B/2920